So geht's:

Das Beispiel zeigt, wie du mit miniLÜK spielst. Die Übung findest du auf Seite 2 und 3. Öffne das miniLÜK®-Kontrollgerät und lege den durchsichtigen Boden des Kontrollgerätes auf die untere Übungsseite deines miniLÜK-Heftes.

Nimm Plättchen 1. in die Hand und sieh dir Aufgabe 1. an.
Hier siehst du den Buchstaben **A**.
Suche nun das passende Bild auf der unteren Seite. Beachte dabei die Hintergrundfarbe.
Lege Plättchen 1. auf dieses Bild.
Die Ziffer 1 muss dabei nach oben schauen. So spielst du weiter, bis alle 12 Plättchen auf dem durchsichtigen Teil des Kontrollgerätes liegen und keine Bilder mehr zu sehen sind. Dann schließt du das Kontrollgerät und drehst es um. Wenn du das bei der Übung abgebildete Muster siehst, hast du alles richtig gemacht. Passen einige Plättchen nicht in das Muster, löst du diese Übungen noch einmal.

Stimmt es jetzt?
Dann nun viel Spaß!

1
2
3
4
5
6
7
8
9
10
11
12

Ordne die Bilder den Anfangsbuchstaben zu.
Achte dabei auf die Hintergrundfarben.

1
D
L
S
2
3
4
R
M
5
D
6
S
8
7
L
D
9
10
M
11
S
12
R

Mit welchem Buchstaben beginnt das Wort?
Achte auf die Hintergrundfarben.

1 H
2 T
3 N
4 P
5 T
6 F
7 F
8 P
9 N
10 P
11 H
12 T

Finde den passenden Anfangsbuchstaben.
Achte auf die Hintergrundfarben.

1
O
2
T
3
L
4
L
5
M
6
F
7
A
8
T
9
L
10
O
11
F
12
M

Welchen Buchstaben hörst du am Ende des Wortes?
Achte auf die Hintergrundfarben.

1 E
2 N
3 I
4 R
5 S
6 I
7 N
8 S
9 R
10 S
11 E
12 N

Welchen Buchstaben hörst du hier am Ende des Wortes?
Achte auf die Hintergrundfarben.

1
2
3
4
5
6
7
8
9
10
11
12

Welchen Laut hörst du in der Mitte des Wortes?

1 N
2 F
3 S
4 L
5 N
6 F
7 L
8 S
9 N
10 K
11 S
12 L

Welchen Laut hörst du in der Mitte der Wörter?
Achte auf die Hintergrundfarben.

1
M
2
A
3
T
4
N
5
M
6
A
7
N
8
T
9
A
10
M
11
T
12
N

Wo im Wort hörst du den Laut? Am Anfang, in der Mitte oder am Ende?
Achte auf die Hintergrundfarben.

1
F
U
4
2
L
3
O
6
O
U
5
7
F
L
8
10
U
11
F
12
L
9
O

Wo im Wort hörst du den Laut? Am Anfang, in der Mitte oder am Ende?
Achte auf die Hintergrundfarben.

1 MA A
2 D NO
3 PA A
4 O A
5 O A
6 T GER
7 BL ME
8 PEPP
9 M ND
10 NA E
11 SO A
12 P RAT

Welcher Buchstabe fehlt?
Achte auf die Hintergrundfarben.

1 B_S

2 BAN_NE

3 MAU_

4 GABE_

5 KRO_E

6 T_BE

7 WUR_

8 W_LKE

9 DO_E

10 H_T

11 PAN_A

12 NO_E

Und welcher Buchstabe fehlt hier?
Achte auf die Hintergrundfarben.

1 OMA

2 OPA

3 BUS

4 MAMA

5 PAPA

6 DINO

7 DOSE

8 NASE

9 SOFA

10 PANDA

11 PEPPA

12 PIRAT